'दास्तान-ए-जिंदगी'

प्रदीप 'पांथ'

Copyright © Pradeep 'panth'
All Rights Reserved.

ISBN 978-1-68523-267-2

This book has been published with all efforts taken to make the material error-free after the consent of the author. However, the author and the publisher do not assume and hereby disclaim any liability to any party for any loss, damage, or disruption caused by errors or omissions, whether such errors or omissions result from negligence, accident, or any other cause.

While every effort has been made to avoid any mistake or omission, this publication is being sold on the condition and understanding that neither the author nor the publishers or printers would be liable in any manner to any person by reason of any mistake or omission in this publication or for any action taken or omitted to be taken or advice rendered or accepted on the basis of this work. For any defect in printing or binding the publishers will be liable only to replace the defective copy by another copy of this work then available.

मेरे आदर्श व पथ प्रदर्शक पूज्यनीय बाबू जी श्री गोकुल प्रसाद तिवारी

संघर्ष के दिनों में भी अपने सिद्धांतों से किंचित भी विचलित न होने वाले, उंगली पकड़कर जीवन पथ पर आगे बढ़ने की सीख देने वाले पूज्यनीय बाबू जी श्री गोकुल प्रसाद तिवारी के चरणों में द्वितीय काव्य संग्रह ' दास्तान-ए-ज़िंदगी' सादर समर्पित करता हूँ। जीवन में जब जब मैं घोर अंधेरों से घिर कर निराश हुआ तब तब पूज्यनीय बाबू जी ने हमें न केवल संघर्ष करने का हौंसला दिया बल्कि अंधेरों में रोशनी दिखाकर हमें आगे बढ़ने के लिए प्रेरित किया।

मेरे मार्गदर्शक परनाना स्वर्गीय शिव शरण त्रिपाठी

आज से 21 वर्ष पूर्व सन् 2000 में अमेठी जिले के पूरे तिवारी निवासी मेरे रिश्ते के परनाना स्वर्गीय शिव शरण त्रिपाठी ने हमें गुनगुनाते हुए कविता लेखन की पहली सीख दी थी। यही नहीं उन्होंने तत्कालीन कविता मंचों पर काव्य पाठ करने वाले कई कवियों से मेरी मुलाकात कराते हुए मेरा हौसला भी बढ़ाया था। इसलिए यह काव्य संग्रह मैं अपने पूज्य बाबू जी के साथ ही अपने परनाना के चरणों में भी सादर समर्पित करता हूँ।

----- प्रदीप 'पांथ'

क्रम-सूची

प्रस्तावना	vii
भूमिका	ix
पावती (स्वीकृति)	xi
1. मात-पिता	1
2. दास्तान - ए - ज़िंदगी	3
3. मुसाफिर	5
4. नीति	7
5. आंसू	9
6. मुसाफिरखाना	11
7. तस्वीर	13
8. हिम्मत न हारो बिसारो न राम	15
9. जिंदगी	17
10. वो (खुशी)	19
11. बांट रहे हैं हमें...	21
12. प्रतिमान	23
13. जीवन एक पहेली	25
14. तालीम	27
15. अपनापन	28
16. कर्मयोग	30
17. क्रूर नियति और मरघट का सन्नाटा	32
18. कालचक्र का पहिया	35
19. श्रमिक	37

क्रम-सूची

20. सुख और दुःख   42

प्रस्तावना

उत्तर प्रदेश प्रांत के अमेठी जनपद की मुसाफिरखाना तहसील अंतर्गत पूरे मोहनराम तिवारी (रुदौली) गांव मेरी जन्मस्थली है। श्री गोकुल प्रसाद तिवारी मेरे पिता और श्रीमती निर्मला देवी मेरी माँ का नाम है। भौतिक शास्त्र से परास्नातक की उपाधि हासिल करने के बाद मैंने बीएड की उपाधि प्राप्त की। तदोपरांत बेसिक शिक्षा में शिक्षक के रूप में योगदान देना शुरू किया। लगभग एक दशक से मैं पत्रकारिता जगत से भी जुड़कर समाज की सेवा में लगा हुआ हूँ। मेरे विचार से साहित्य सर्जन की कड़ी में होने वाली भावाभिव्यक्ति अंतरात्मा की वह आवाज है जिसे दबाया नहीं जा सकता है। इसी कारण मेरी पहली अभिव्यक्ति ' पाप का कुंआ ' नाम के उपन्यास के रूप में प्रकट हुई थी जो कभी प्रकाशित न हो सकी। यह हाईस्कूल की परीक्षा के बाद मिलने वाले समय में लिखा गया था और उस समय प्रकाशन मेरे विचार क्षेत्र की सीमा से परे था। अब उसके पन्ने न जाने कहाँ बिखर कर गुम हो चुके हैं। जिसे मेरे समकालीन साथियों ने पढ़ा था। जिनमें से एक अजीत तिवारी ने मुझे सबसे पहले साहित्यिक सर्जना की यात्रा प्रारंभ करने की प्रेरणा दी थी। लेकिन आगे की विज्ञान विषय की पढ़ाई में वक्त न मिलने के कारण मैने इस ओर कभी ध्यान नहीं दिया था। एमएससी भौतिक शास्त्र से उपाधि प्राप्त करने के बाद मैंने अपना साहित्यिक सफर कविता रचना के रूप में शुरू किया। जिसे गेय पदों में लिखने की सीख मेरे परनाना स्वर्गीय शिव शरण त्रिपाठी ने दी। जिनकी प्रेरणा से ही मैंने निजी जीवन के संघर्षों और समाज से प्राप्त अनुभूतियों के सहारे विभिन्न विषयों पर अब तक लगभग एक शतक कविताओं की रचनाएं

प्रस्तावना

की। जिनके प्रकाशन का विचार मेरे साथी श्री अरुण आर्य जी ने दिया। प्रकाशन के लिए उचित प्लेटफार्म की तलाश का मेरा सफर लगभग दो दशक बाद 2021 में तब पूरा हुआ जब मेरा पहला काव्य संग्रह ' आईना ' प्रकाशित हुआ। जिस पर लोगों की सराहना और समर्थन ने मुझे दूसरे काव्य संग्रह के प्रकाशन की प्रेरणा दी। प्रस्तुत काव्य संग्रह ' दास्तान-ए-जिंदगी ' में 20 स्वरचित कविताओं को शामिल किया गया है जिनका जुड़ाव कहीं न कहीं हर व्यक्ति के जीवन से है।

----- प्रदीप 'पांथ'
8 अगस्त 2021

भूमिका

" हौंसला ऊंची उड़ान का था,
नीचे जमीन और ऊपर आसमान था।
आंधियों ने लाख रोका रास्ता लेकिन,
परवाज़ी के मस्तानों को मिला उनका मुकाम था।। "

जीत के जश्न का रसास्वादन करना उसी के नसीब में होता है जो संघर्षरत रहता है। जीवन की रवानी संघर्ष से ही है। यही जीवन का फ़लसफ़ा भी है। परिस्थितियों का दास बन कर आंसू बहाने वाले को जिंदगी में कुछ हासिल नहीं हो सकता है। संघर्ष करने वाला काल के कठिन भाल पर अपनी तकदीर खुद लिख लेता है। इस संसार में न कुछ मेरा है और न कुछ तेरा, यहां तो बस कुछ दिन का बसेरा है। ऐसे में कल की चिंता में आज गंवाने का कोई मतलब नहीं हो सकता है। दुनिया का दस्तूर है कि बेबसी में अपने भी पराए और खुशी में पराए भी अपने बन जाते हैं। आनंद (खुशी) का कोई बाह्य कारक नहीं हो सकता है। यह तो हमारे अंदर की वह अनुभूति है जिसे हमने महसूस करने की कभी कोशिश ही नहीं की। सुख और दुःख जैसी कोई चीज नहीं है बल्कि यह केवल भाव मात्र हैं। जो एक साथ कभी परिलक्षित नहीं होते हैं।

'ज़िंदगी की अजब दास्ताँ है,
कब्र ही इसका अन्तिम मकाँ है।
कल की खातिर दिखे भागता आदमी,
ना जाने किसका गुमाँ है।।'

उचित अनुचित का विचार किए बिना कल की खुशी खातिर मानव आज हाँफता दिखाई पड़ता है जबकि सच यह है कि हर

पल हमारी परछाईं भी हमारा साथ नहीं दे सकती। उजाले में जिसका वजूद तो होता है लेकिन अंधेरा होते ही वह भी गायब हो जाती है। ऐसे में आखिर हम किस बात के लिए भाग रहे हैं? हम जितना भौतिकता वादी होते गए उतना ही हम अकेले भी होते जा रहे हैं। जीवन एक ऐसी पहेली है जिसे सुलझाने की जितनी कोशिश की जाए वह उतनी ही उलझती नज़र आने लगती है। कर्तव्यों को भूलकर अधिकारों की बात करना ही अब जिंदगी की दास्तान बन चुकी है। आशा करता हूँ कि पाठक प्रस्तुत काव्य संग्रह में सम्मिलित कविताओं के बोधगम्य भावों को समझकर उसे अनुभव करेंगें और समाज को नई दिशा देने के अपने उद्देश्य में यह काव्य संग्रह मील का पत्थर साबित होगा।

---- प्रदीप 'पांथ'

पावती (स्वीकृति)

प्रदीप 'पांथ'

पहले काव्य संग्रह 'आईना' के प्रकाशन के बाद सदैव प्रोत्साहन देने वाले अपने उन मित्रों व शुभचिन्तकों को मैं धन्यवाद ज्ञापित करता हूं जिनके स्नेहिल सुझावों एवं मार्गदर्शन से ही दूसरे काव्य संग्रह 'दास्तान-ए-ज़िंदगी' का पाठकों के बीच पहुंचना संभव हो सका है।

1. मात-पिता

यही हमारे सिरजनहारा,
यही हमारे प्राण हैं।
यही हमारे काशी काबा,
इनको कोटि प्रणाम है।।

मात पिता ही मेरे जीवन,
का मुझ पर एहसान हैं।
इनके चरणों में ही बसते,
मेरे चारो धाम हैं।।

बच्चों की खुशियाँ ही उसके,
अधरों की मुस्कान है।
माँ की गोदी हर बचपन का,
सबसे सहज मुकाम है।।

नीड़ अगर है माँ का आँचल,
नन्ही जान परिंदों का।
आसमान तब पिता लगे है,
गोदी के बाशिंदों का।।

परवाज़ी के मस्तानों की,
जीवन की हर आशा है।

मात-पिता के शब्दों से ही,
हम सब की परिभाषा है।।
\-\-\-\-\-\-\-\-\-\-\-\-\-

कवच हमारा अरिदल में भी,
इनका आशीर्वाद है।
सहज लगे है व्यूह भेदना,
जब तक इनका साथ है।।
\-\-\-\-\-\-\-\-\-\-\-\-\-

पिता हमारे जीवन पथ का,
सबसे बड़ा सहारा है।
माँ की ममता से बढ़ कर कुछ,
नहीं जगत में प्यारा है।।
\-\-\-\-\-\-\-\-\-\-\-\-\-

ईश्वर का इस जग वालों को,
मात-पिता वरदान हैं।
सुखमय जीवन होगा अपना,
जब इनका सम्मान है।।
\-\-\-\-\- प्रदीप "पांथ"

2. दास्तान - ए - ज़िंदगी

ज़िल्लते ज़िंदगी
समझा किए हैं जिसको लोग,
वही सच मायनों में
जीवन की रवानी है।1।

गुमाँ किनारों को है
दरिया को बांधने का,
वो भूल बैठा कटान
भर का तेज़ पानी है।2।

हूर बन इठलाती रही
वो हुश्न की ज़वानी पर,
ज़ानिब, ये खूबसूरती भी
मिट्टी में मिल जानी है।3।

दौलतों के ढेर पर
क्यों बैठ इतराता है तू,
सब यहीं पर रुख़सती में
तुझसे छूट जानी है।4।

मौत ही अंजाम है जब
दास्ताने ज़िंदगी का,

ज़द्दोज़हद तब जीश्त की
सबसे बड़ी बेमानी है।5।

वक्त क्यों बर्बाद करते
हम इसे समझने में,
यहां सब दूध का दूध
पानी का पानी है।6।
---- प्रदीप 'पांथ'

3. मुसाफिर

जाग जा रे ऐ मुसाफिर,
तू भला क्यों सो गया।
रास्ते लंबे तुम्हारे,
तू भला क्यों सो गया।।
जाग जा रे ऐ मुसाफिर।
जाग जा रे ऐ मुसाफिर।।

मुफ़लिस हैं माना कि सभी,
पर मुफलिसी की बात क्या।
जो दिया उसका ही है,
है तुम्हारे पास क्या।।
तू कदम आगे बढ़ा
करके इरादे मुस्तक़िल।
है बड़ा मुश्किल संभलना
रास्ते में ग़र गए गिर।।
जाग जा रे ऐ मुसाफिर।।

साथी हैं न साथ तेरे,
सब समय के साथ हैं।
पर कभी न सोचना ये,
सब वरद के हाथ हैं।।
साधना से सब सधे

वाणी करो थोड़ी सुभाषित।
धीर होकर साध लेना
ऐसा मौका न मिले फिर।।
जाग जा रे ऐ मुसाफिर।।

फिरका परस्ती है बहुत,
तू अलग पहचान कर।
फितरत है फिकरेबाजी की,
तू संभलकर रहा चल।।
हो फ़िदा ग़र सींच लो
फिरदौस फिर जाएगा खिल।
है तुम्हारे पास मंजिल
राह से जाना न तू फिर।।
जाग जा रे ऐ मुसाफिर।।

रस्ता तुम्हारा है अलग तू
राह की पहचान कर।
रेला बहुत है राह में तू
हो न यूँ अंजान चल।।
राह में रौ से चलो तो
सामने दिख जाए मंजिल।
राही हमेशा ध्यान धर कि
राह न जाये घटा घिर।।
जाग जा रे ऐ मुसाफिर।।
---- प्रदीप 'पांथ'

4. नीति

असफलता है मूल
सफलता का मत जाना भूल,
आज जो हारा है
वही कल जीतेगा।
वही कल जीतेगा।।

मन में लिए गुरूर
चलता है जो भी मखमूर,
कहीं पर ठोकर खा कर
वही कल रीतेगा।
वही कल रीतेगा।।

दिखता जो गंभीर
हर पल होता नहीं अधीर,
भला है कूबत किसमें
उसे जो कूतेगा।
उसे जो कूतेगा।।

चलता जो अविराम
करता कभी नहीं विश्राम,
वो खुद तकदीर बदलकर
स्वयं ही लिख लेगा।

'दास्तान-ए-जिंदगी'

स्वयं ही लिख लेगा।।

बल और बुद्धि विवेक
जिसमें भी होता अतिरेक,
काल के कठिन भाल पर
वही कुछ लिख लेगा।
वही कुछ लिख लेगा।।

रखता स्वस्थ विचार
करता कभी नहीं व्याभिचार,
सभी के दिल में बसकर
वही घर कर लेगा।
वही घर कर लेगा।।

होवै मृदु व्यवहार
जिसकी वाणी में रसधार,
किसी के भी संग रहकर
वही मन हर लेगा।
वही मन हर लेगा।।
---- प्रदीप 'पांथ'

5. आंसू

दो बूंद आंखों से छलक कर
कहते हैं दिल का फ़साना।
ठीक है न मीत मेरे
आँख से आंसू बहाना।।

बिन बहारों के है जैसे
बाग में गुल को खिलाना,
ठीक वैसे ही सहज न
होंठों का भी मुस्कुराना।
दर्द थोड़ा सा दिलों में
आते ही तुम रो पड़ोगे,
है यहाँ आसान कितना
आँख से आंसू बहाना।।

बात तुम कुछ भी करो या
तुम करो कोई बहाना,
है नहीं आसान यारों
साथ महफ़िल में निभाना।
सागर ग़मों के भी कई
दिल में छुपाकर क्या करोगे,
होता है मुश्किल बहुत ही
पलकों में आंसू छिपाना।।

'दास्तान-ए-ज़िंदगी'

हो मिलन के गीत या फिर
हो जुदाई का फ़साना,
जिन दिलों में दर्द है न
उनको लगता सब तराना।
दर्दे दिल की दास्तां
सुनते ही सब हँस पड़ोगे,
इस वास्ते जग ने न सीखा
आँख में आंसू सजाना।।

रोने को तो रो रहे सब
तुम जरा हंस कर दिखाना,
इससे बढ़कर काम है न
रो के खुद सबको हँसाना।
ऐसा करके मीत मेरे
दिल में तुम सबके रहोगे,
बुझदिलों का काम है
बस बैठकर आंसू बहाना।।
---- प्रदीप 'पांथ'

6. मुसाफिरखाना

हे मानव मोह न कर माया का,
इसका कहाँ ठिकाना है।
मत फँस माया मोह में तुझको,
और कहीं कल जाना है।।
जग एक मुसाफिरखाना है।
जग एक मुसाफिरखाना है।।

जीवन तेरा एक बुलबुला,
दो पल में बुझ जाएगा।
सोच ले प्यारे ऐसे में तू,
कैसे साथ निभाएगा।।
झूठ यहाँ सब तेरा मेरा,
सच बस आना जाना है।
जग एक मुसाफिरखाना है।
जग एक मुसाफिरखाना है।।

जिस तन को तू अपना है कहता,
वह भी साथ न जाएगा।
रिश्ते नाते झूठ लगेंगे,
कोई न साथ निभाएगा।।
पाप छोड़कर पुण्य कमा ले,
साथ यही बस जाना है।

जग एक मुसाफिरखाना है।
जग एक मुसाफिरखाना है।।

तू है मुसाफिर पल दो पल का,
आया है तो जाएगा।
भेद समझ ले धर्म अधर्म का,
वरना कल पछतायेगा।।
पाकर मानुष तन हे मानव,
बार बार न आना है।
जग एक मुसाफिरखाना है।
जग एक मुसाफिरखाना है।।
---- प्रदीप 'पांथ'

7. तस्वीर

सितारे हजारों गगन में हैं फिर भी,
कमी चांद की आज खलने लगी है।
मिटने लगी है तसव्वुर की तहरीर,
तस्वीर भी अपनी छलने लगी है।।

गगन के हजारों चमकते सितारों से,
मिटता नहीं है जगत का अंधेरा।
निकल आये ग़र चांद रोशन गगन में,
रहे रात भर चांदनी का बसेरा।।
मगर हो गई गुम कहाँ चांदनी अब,
ये कालिमा मुझको डसने लगी है।
मिटने लगी है तसव्वुर की तहरीर,
तस्वीर भी अपनी छलने लगी है।।

सोचा था इक दिन बना लेंगे हम,
खूबसूरत सा छोटा सा इक आशियाँ।
चांदनी प्यार की जिसमें बसती रहेगी,
रहेगा नहीं कोई दर्द - ए - निशाँ।।
मगर आज फिरते ही उसकी निगाहें,
तामीर ख़्वाबों की ढहने लगी है।
मिटने लगी है तसव्वुर की तहरीर,
तस्वीर भी अपनी छलने लगी है।।

\-\-\-\-\-\-\-\-\-\-\-\-\-

बरसता रहा मेघ सावन का कल तक,
तपिश भी न महसूस होती थी हमको।
बहारें मिली थी खिली हर कली थी,
महका दिया जिसने हर बाग वन को।।
मगर बदमिजाजी ये मौसम की देखो,
कैसी हवा अब ये चलने लगी है।
मिटने लगी है तसव्वुर की तहरीर,
तस्वीर भी अपनी छलने लगी है।।
\-\-\-\- प्रदीप 'पांथ'

8. हिम्मत न हारो बिसारो न राम

हिम्मत न हारो बिसारो न राम,
वही तेरे बिगड़े बनाएंगे काम।
हिम्मत न हारो बिसारो न राम,
वही तेरे बिगड़े बनाएंगे काम।।

कर्मण्य तू है फलदाता वो,
होता सफल कर्म करता है जो,
निशिदिन निरंतर निरत जो रहा,
निःशंक उसको मिला हर मुकाम।
हिम्मत न हारो बिसारो न राम ,
हिम्मत न हारो बिसारो न राम ।।

होता गलत न कभी कुछ वहां,
प्रभु की ही सत्ता हो चलती जहां,
हर बात तो उसकी मर्जी से हो,
दिन रात भी हों सुबह और शाम।
हिम्मत न हारो बिसारो न राम,
हिम्मत न हारो बिसारो न राम ।।

पग पग पे पथ की बाधाओं से ,

तू डरना न आपद घटाओं से,
टूटेगा हर सिलसिला संकटों का,
पथ पर बढ़ाओ कदम अविराम।
हिम्मत न हारो बिसारो न राम ,
हिम्मत न हारो बिसारो न राम ।।

कर तू भरोसा सदा अपने पर,
संकट में विश्वास ईश्वर पे कर,
आवाज नेपथ्य में गुम न होगी,
जब भी पुकारोगे लेके उसका नाम।
हिम्मत न हारो बिसारो न राम ,
हिम्मत न हारो बिसारो न राम ।।
---- प्रदीप 'पांथ'

9. जिंदगी

जिंदगी ये भरोसे के काबिल नहीं,
आज है साथ में कल निकल जायेगी।
जब इसकी जरूरत पड़ेगी कहीं ,
दूर तक ये तुझे न नजर आएगी।।

चार दिन का ही बस आशियाँ है जहाँ,
अज़नबी मोह माया में भटका यहाँ।
साथ जब तक तेरा दे रही जिंदगी,
कर ले करना है जो भी तुझको यहाँ।।
है पता कुछ नहीं अज़नबी जिंदगी,
छोड़ करके तुझे कल किधर जायेगी।
जब इसकी जरूरत पड़ेगी कहीं ,
दूर तक ये तुझे न नजर आएगी।।

जिंदगी जंग है एक ऐसी यहाँ,
हार जाता है हर आदमी ही यहाँ।
बुझ सकी न कभी जीत की तिश्नगी,
जो भी उलझा स्वयं मिट गया है यहाँ।।
आज दिखती है जो नाज़नीं जिंदगी,
होके कल वो अलग कत्ल कर जाएगी।
जब इसकी जरूरत पड़ेगी कहीं ,
दूर तक ये तुझे न नजर आएगी।।

'दास्तान-ए-जिंदगी'

तल्ख है कुछ तो कुछ हैं हसीं दास्ताँ,
एक दरिया-ए- मौज है सुखदुख यहाँ।
आये सुख की लहर तो हसीं है सफ़र,
दुख की आये लहर रो पड़े कारवाँ।।
मौत की जब भी दस्तक पड़ेगी यहाँ,
छोड़कर ये तेरा घर निकल जायेगी।
जब इसकी जरूरत पड़ेगी कहीं ,
दूर तक ये तुझे न नजर आएगी।।

जिंदगी की ये जब तक जले है शमां,
रोशनी को करो तुम रोशन यहाँ।
ऐसा कुछ तुम करो सब करें बन्दगी,
फिर से मौका तुझे ये मिलेगा कहाँ।।
छोड़ करके गई साथ ग़र ज़िंदगी,
फिर न तुझको कभी भी ये मिल पाएगी।
जब इसकी जरूरत पड़ेगी कहीं ,
दूर तक ये तुझे न नजर आएगी।।
---- प्रदीप 'पांथ'

10. वो (ख़ुशी)

हर हाल का बस हाल ही में
यूं सफाया हो गया,
बस एक सब के ज़लज़ले में
वो पराया हो गया।
छोड़कर ग़ैरत की फ़िक्र
यूँ वक्त ने मारा हमें,
लम्हात् जो हमने गुज़ारे
साथ ज्याया हो गया।।

ग़म तो था इस बात का कि
कोई मेरा खो गया,
तकलीफ़ तब ज़्यादा हुई
जब ग़ैर का वो हो गया।
बावफ़ा जो थी कभी वो
बेवफ़ा इतना हुई,
फिर कभी देखा नहीं
क्या हाल मेरा हो गया।।

सोचता था हर ख़ुशी का
द्वार मेरा हो गया,
हर एक मंज़िल रास्ता
हमवार मेरा हो गया।

'दास्तान-ए-ज़िंदगी'

पर हुआ है ज़िंदगी के
मोड़ पर कुछ इस तरह,
हर एक पग इस राह पर
दुश्वार मेरा हो गया।।

हर एक पल सोचा किये
उसको भला क्या हो गया,
साथ क्यों छोड़ा हमारा
क्यों ख़फ़ा हो गया।
कम से कम ज़ाहिर किया
होता हमारी जा बेजा,
मुंह मोड़ लेने से उसे
हासिल भला क्या हो गया।।

बस उसी की चाह में ही
आज मेरा खो गया,
शायद मुझे मिल जाये कल
यह सोच कर मैं रह गया।
क्या करूँ ज़्यादा बयाँ जब
जुस्तजू में ही उसी के,
आसीर मेरी ज़िंदगी का
एक लम्हा हो गया।।
---- प्रदीप 'पांथ'

11. बांट रहे हैं हमें...

बांट रहे हैं हमें शिवाले,
मंदिर मस्जिद गिरजाघर,
खुद बसने की चाहत में हम,
रोज हो रहे हैं बेघर।
एक ईश की हम संतानें,
फिर भी इतनी दूरी है,
अलग अलग है राग हमारा,
भटक रहे हैं इधर उधर।।

बांटा जाति धरम भी बांटा,
बांट लिया जागीरें,
धर्षित धरम हुआ है इतना,
छलती हैं तस्वीरें।
चटके रिश्ते खून खून के,
मन से मन का भेद बढ़ा,
लहू लपकने को तत्पर हैं,
खिंची हुई शमशीरें।।

छल दंभ झूठ सब कुछ जायज है,
स्वार्थ साधना की खातिर,
धरम करम सब भूल के मानव,
दिखता है हर खेल में माहिर।

'दास्तान-ए-जिंदगी'

जायज क्या, नाजायज क्या,
विश्लेषण अब कौन करे।
डूब रही है कश्ती नदिया,
कौन संभालेंगे आखिर।।

मानव तन में छिपे भेड़िये,
अब समाज को बांट रहे,
इसी ताक में बैठे हैं कि,
कब किसका शिकार करें।
बंद करो अब दोषारोपण,
अपना अपना काम करो,
हो समाज की खातिर हितकर,
ऐसा ही व्यवहार करो।।
---- प्रदीप 'पांथ'

12. प्रतिमान

श्रद्धा सुमन समर्पित करने
किसके दर पर जाऊँ,
विपुल वेदना से पीड़ित मन
किसको हाल सुनाऊँ।
निज जीवन की जीवटता में
किसको किसका ध्यान कहाँ,
साथ निभा सकता जो प्रतिपल
ऐसा है प्रतिमान कहाँ।।
सुखद सुमंगल गान कहाँ।।

छलता जीवन छलता दर्पण
छलती है परछाईं,
उड़ जाऊँ गर आसमान में
डसती है तन्हाई।
मार्ग दिखा तकदीर बदल दे
ऐसा सुलभ सुजान कहाँ,
साथ निभा सकता जो प्रतिपल
ऐसा है प्रतिमान कहाँ।।
सुखद सुमंगल गान कहाँ।।

जब जब फंसे भंवर में किश्ती
दुर्गम दिखे किनारा,

अपने तन में ज़ोर नहीं जब
मिलता नहीं सहारा।
अपनों से भी अपनेपन का
होता आज गुमान कहाँ,
साथ निभा सकता जो प्रतिपल
ऐसा है प्रतिमान कहाँ।।
सुखद सुमंगल गान कहाँ।।

पढ़ी जा रही कहीं मरसिया
कहीं बजे शहनाई,
फुरसत किसको इस आलम में
समझे पीर पराई।
मानवता का धर्म निभाने
वाला है इंसान कहाँ,
साथ निभा सकता जो प्रतिपल
ऐसा है प्रतिमान कहाँ।।
सुखद सुमंगल गान कहाँ।।
---- प्रदीप 'पांथ'

13. जीवन एक पहेली

रे मनवा समझ न पाये क्यों,
है जीवन एक पहेली।
कभी कहीं भी चल देगी ये,
तुझको छोड़ अकेली।।
जीवन एक पहेली। जीवन एक पहेली।।

रिश्ते नाते झूठ लगेंगे,
झूठी सब आराजी,
आज तेरी जो लगती तुझको,
पलटेगी कल बाजी।
साथ न देगा तेरा धन,
वैभव - राज - हवेली।
जीवन एक पहेली।
जीवन एक पहेली।।

माया ममता मानवता के
तन की ऐसी बेड़ी,
दे न पाए दस्तक जिससे
कोई सच की ड्योढ़ी।
भ्रम है मन का लगना इसका
दुल्हन नई नवेली।।
जीवन एक पहेली।

'दास्तान-ए-जिंदगी'

जीवन एक पहेली।।

जीवन धन्य उसी का है जो
मानव धर्म समझ ले,
जीवट जीवन के पथ पर भी
चलकर जो न भूले।
तत्व अमरता का मिलता न
करके बन्द हथेली।।
जीवन एक पहेली।
जीवन एक पहेली।।
---- प्रदीप 'पांथ'

14. तालीम

तालीम होती है हमेशा
ठीक उस उस्ताद की।
जो बना दे बालकों को
ईंट हर बुनियाद की।।

हो रश्क न ईमान हो
हो जीस्त में शाइस्तगी।
हो कर्म ऐसा जो मिटा दे
दरमियाँ-ए- मजहबी।।

मशरूफियत हो नेक दिल
हो ज़िंदगी में सादगी।
हो इल्म जिससे साँच से ही
रूबरू हो जिंदगी।।
---- प्रदीप ' पांथ'

15. अपनापन

देख के बेबस साथ हमारा
छोड़ दिया तकदीर ने।
झलक मिली गैरों की मुझको
अपनी ही तस्वीर में।।

खुद का भाग्य बदलने खातिर
कहाँ न ठोकर खाया।
यहां वहां नहीं कहाँ कहाँ
मैने खुद को था अजमाया।।
देख न पाए कटते धागे
किस्मत की शमशीर से।
झलक मिली गैरों की मुझको
अपनी ही तस्वीर में।।

मैं सुन सकता हूँ सबकी
पर मेरी सुन सकता है कौन।
यह भी कोई जीना है जो
बीते हर पल रहकर मौन।।
लगता है हम तन्हा हो गए
अपनी ही जागीर में।
झलक मिली गैरों की मुझको
अपनी ही तस्वीर में।।

जब भी पड़ी जरूरत मुझको
संग अपनों का छूटा।
आशाएं थी जिस पल हमको
भ्रम उस पल ही टूटा।।
बंध सकते फिर कैसे हम सब
भावों की जंजीर में।
झलक मिली गैरों की मुझको
अपनी ही तस्वीर में।।
---- प्रदीप 'पांथ'

16. कर्मयोग

चक्र समय के स्यन्दन का ,
चलता रुकता कभी नहीं...
बनकर दास परिस्थितियों का ,
विचलित होता कभी नहीं ।
आफताब बन नभ में चमको ,
बल , पौरुष है बाजू में....
कर्म योग में बाधा बनकर ,
भाग्य ठहरता कभी नहीं।।

कर्मयोग के वीर सिपाही,
कभी नहीं सुस्ताते हैं.....
देख डगर की बाधाओं को,
कभी नहीं घबराते हैं।
बने आलसी बैठे रहते,
भाग्यवाद के ही पोषक...
कर्मशील नाविक नौका,
लहरों में पार लगाते हैं।।

राणा प्रताप झांसी रानी ने,
निज भुज पर अभिमान किया..
धैर्य और सहस का इनके,
जग ने लोहा मान लिया।

प्रदीप 'पांथ'

वे गुम हुए अंधेरों में जो,
भाग्य भरोसे बैठे थे....
महा पुरुष बन गए जिन्होंने,
शीशों का बलिदान किया।।

मिटती जाती हस्त लकीरें,
भाग्य भरोसे बैठे जो....
तारे गर्दिश में मिल जाते,
निज कर्मों से भटके जो।
कर्मशीलता करे इजाफा,
हाथों की रेखाओं में.......
भाग्य चमकता है उनका ही,
कर्मयोग में रमते जो ।।

पांव खींचने में औरों का
समय न तुम बर्बाद करो..
नुक्ताचीनी कर औरों का
कभी न तुम उपहास करो..
नाम तेरा हो जाए स्वर्णिम
कालखंड के पन्नों पर..
भाग्य संवर जाए खुद अपना
ऐसा कोई कर्म करो..
---- प्रदीप 'पांथ'

17. क्रूर नियति और मरघट का सन्नाटा

जिनकी ऊंची आन बान व
शान की गौरव गाथा है,
उनके आंगन में क्यों पसरा?
मरघट का सन्नाटा है।
जो अपने विज्ञान बदौलत
बनता भाग्य विधाता है;
उसके गलियों में क्यों पसरा?
मरघट का सन्नाटा है।।

कल बहती थी जो कल कल कर
उसकी थमी रवानी है,
थाह लग गया आज सभी को
किसमें कितना पानी है।
बैर भाव क्यों आज मिट गया
राम और रहमान का ;
भेंट चढ़ा कर ही जीवन का,
जीवन की गति जानी है।।
क्रूर नियति ने मक्कारों के
मुंह पर जड़ा तमाचा है।
पसर गया सबके आंगन में

प्रदीप 'पांथ'

मरघट का सन्नाटा है।।

अरि अदृश्य है आज सभी को
जिसके भय ने घेरा है,
शहरों की गलियों में लगता
यमदूतों का डेरा है।
हाथ जोड़ता इंसा है अब
गले लगाना छोड़ दिया;
घर की ड्योढ़ी के भीतर ही
सबका आज बसेरा है।।
क्रूर नियति के चाबुक से अब
हर कोई थर्राता है।
गान सुमंगल लुप्त हुआ
अब मरघट का सन्नाटा है।।

घर की लक्ष्मण रेखा के
बाहर ही जिसकी माया है,
जहां निरन्तर डेरा डाले
क्रूर काल की छाया है।
जिसको अब तक देश काल की
सीमाएं न रोक सकी;
जिसके मातम में अपनों को
कंधा न मिल पाया है।।
उसकी केवल आशंका से
टूटा सारा नाता है।
उसकी दस्तक होते ही अब
मरघट का सन्नाटा है।।

पंजों से अब क्रूर काल के
बचना बहुत जरूरी है,
नियम और संयम से रहना
अब सबकी मजबूरी है।
छोड़के सारे दुर्व्यसनों को
केवल प्रभु का ध्यान करो;
बेफिक्री में घूम - घूम कर
जीना बस मगरूरी है।।
जैसे उषा की किरणों से
कुहरा सब छंट जाता है।
फिर से गूंजेगा कलरव जहाँ
मरघट का सन्नाटा है।।
------- प्रदीप ' पांथ '

18. कालचक्र का पहिया

क्रूर काल का कसता फंदा,
इक न इक दिन टूटेगा।
सच मानों तुम काल चक्र का,
पहिया फिर से घूमेगा।।
संयम की शमशीरों से ही,
पूरा अरिदल रीतेगा।
सच मानों तुम काल चक्र का,
पहिया फिर से घूमेगा।।

आज हमारी फुलवारी में,
बढ़ता यम का साया है।
लुप्त हुई मुस्कान अधर की,
हर चेहरा मुरझाया है।।
फिर होगा गुंजार भ्रमर का,
कब तक क्रंदन गूंजेगा।
सच मानों तुम काल चक्र का,
पहिया फिर से घूमेगा।।

शहर शहर और गांव गांव में,
छाई अजब उदासी है।
आज सशंकित हर कोई है,
सहमा घट घट वासी है।।

मातम पुर्सी की मजबूरी,
से पीछा कल छूटेगा।
सच मानों तुम काल चक्र का,
पहिया फिर से घूमेगा।।

कब तक छल पाएंगें हमको,
क्रूर काल के अंधियारे।
नभ में चमकेगा दिनकर जब,
रोशन होंगे गलियारे।।
नीरव रजनी का तिलिस्म तो,
आज नहीं कल टूटेगा।
सच मानों तुम काल चक्र का,
पहिया फिर से घूमेगा।।

प्राणघातिनी अरि की सेना,
को हम मार भगाएंगे।
देवालय के जो कपाट हैं,
बन्द पुनः खुल जाएंगे।।
मस्जिद में होगी अजान फिर,
गान सुमंगल गूंजेगा।
सच मानों तुम काल चक्र का,
पहिया फिर से घूमेगा।
------ प्रदीप ' पांथ '

19. श्रमिक

भूखा प्यासा रहकर भी जो
कभी आह न भरता है।
जिसका लहू पसीना बनकर
रात और दिन बहता है।।
जिसके श्रम के बलबूते
पहिया विकास का चलता है।
जिसके बिना तरक्की का कोई
ख्वाब नहीं पल सकता है।।
जो गैरों के ख्वाब सजाने
खातिर मेहनत करता है।
जो जीवन के वृत्त चित्र में
रंग सभी भर सकता है।।
आखिर क्यों उसकी किस्मत का
दुःख से नाता जोड़ दिया।।
उसी श्रमिक से भाग्य विधाता
तूने क्यों मुंह मोड़ लिया।

जिसने दौलत वालों के
महलों में ईंटें जोड़े हैं।
उसके अपने घर बनने में
खड़े हजारों रोड़े हैं।।
कड़ी धूप में बैठ सड़क पर

'दास्तान-ए-जिंदगी'

जिसने पत्थर तोड़े हैं।
सुबह - शाम दो जून की रोटी
उसे मयस्सर थोड़े है।।
आज तरक्की की गाड़ी
जिसके बल सरपट दौड़े है।
उसके जीवन की गाड़ी
चलती क्यों हौले हौले है।।
रोजी रोटी खातिर जिसने
गाँव गली घर छोड़ दिया।
उसी श्रमिक से भाग्य विधाता
तूने क्यों मुंह मोड़ लिया।

अपनों से भी ज्यादा जिसने
अपने काम से प्यार किया।
अपने भुज बल पौरुष से
गैरों का भाग्य संवार दिया।।
एक सुनहरा सपना लेकर
जिसने शहर प्रयाण किया।
श्रम की चाकी में पिस कर
नव भारत का निर्माण किया।।
जिसके सपने बुनने खातिर
अपने सपने मार दिया।
बुरे वक्त में मेहनतकश को
उसने ही दुत्कार दिया।।
मक्कारों ने जिसे भंवर में
भाग्य भरोसे छोड़ दिया।
उसी श्रमिक से भाग्य विधाता

तूने क्यों मुंह मोड़ लिया।।

राज पुरोधा जिसको कल तक
भारतवासी थे कहते।
अपने ही मादरे वतन में
वही प्रवासी बन बैठे।
क्रूर काल ने जाल बिछाया
सारे मुखड़े उतर गए।
राजनीति की कुटिल चाल से
सारे सपने बिखर गए।।
भूख प्यास से तड़प तड़प जब
बच्चों ने चीत्कार किए।
छोड़ शहर का मोह श्रमिक
निज घर की ओर प्रयाण किए।।
सड़कों के अभिमान को जिसने
रौंद पांव से तोड़ दिया।
उसी श्रमिक से भाग्य विधाता
तूने क्यों मुंह मोड़ लिया।।

सुविधा भोगी अपने घर में
बैठ के जब सुस्ताते थे।
भूख प्यास सह श्रमिक सड़क पे
पैदल चलते जाते थे।।
निष्ठुर बन कर हुक्मरान सब
केवल गाल बजाते थे।
खाकी वर्दी के जुल्मों से
बेबस वो थर्राते थे।।

धनिक वर्ग के घरवाले जब
गान सुमंगल गाते थे।
दुश्वारी से मजदूरों के
परिजन तब घबराते थे।।
धूप छांव का भाग्य से अपने
जिसने नाता जोड़ लिया।
उसी श्रमिक से भाग्य विधाता
तूने क्यों मुंह मोड़ लिया।।

खुद्दारी है जिसके रग में
वो कर सकता पाप नहीं।
घर गरीब के पैदा होना
है कोई अभिशाप नहीं।।
जीवन के हर गीत छंद में
जिसके बिन कोई साज नहीं।
जुल्म अमीरों के भी सहता
है बैठा चुप चाप वही।।
हक पर जो डाका डाले वो
हो सकता निष्पाप नहीं।
ईश्वर की लाठी में होती
है कोई आवाज नहीं।।
जिसके सपनों में भी सुख ने
दस्तक देना छोड़ दिया।
उसी श्रमिक से भाग्य विधाता
तूने क्यों मुंह मोड़ लिया।।

------प्रदीप ' पांथ '

प्रदीप 'पांथ'

20. सुख और दुःख

आसमान में दुःख की बदली
छाई छा कर चली गयी।
निष्ठुर बन उजियारा हरती
गांव शहर हर गली गली।।
मेघ गर्जना, चंचल, चपला
से किंचित भयभीत न हो।
रिमझिम रिमझिम बूंदों से
फिर धरती होगी हरी भरी।।

किरणें गोदी में सूरज के
बैठ रोज छुप जाती हैं।
क्रूर कालिमा लेकर रजनी
धरती पर इठलाती है।।
काल चक्र के आगे लेकिन
तम का ज़ोर नहीं चलता।
अरुणोदय की किरणें फिर
जब अपना व्यूह रचाती हैं।।

सतरंगी जीवन के राही
दुःख से कभी उदास न हो।
मिले जो ठोकर मंजिल पथ पे
फिर भी कभी निराश न हो।।

जल तरंग सम आना जाना
सुख और दुःख का होता है।
एक बिना दूजे का जीवन
में कोई एहसास नहीं।।
---- प्रदीप 'पांथ'

www.ingramcontent.com/pod-product-compliance
Lightning Source LLC
LaVergne TN
LVHW021738060526
838200LV00052B/3352
* 9 7 8 1 6 8 5 2 3 2 6 7 2 *